ACADÉMIE DE CLERMONT-FERRAND,

Séance du jeudi 3 novembre 1853, présidée par M. le baron DE BARANTE.

Lecture par M. le comte DE MURAT d'une notice sur GEORGES ONSLOW.

NOTICE

SUR

GEORGES ONSLOW

MEMBRE DE LA LÉGION D'HONNEUR & DE L'INSTITUT,

Membre honoraire de l'Académie de Sainte-Cécile à Rome, de la Société philharmonique de l'empire d'Autriche, de la Société philharmonique de Londres ;

Membre de mérite des Sociétés philharmoniques de Rotterdam et d'Amsterdam, et de plusieurs autres Sociétés.

CLERMONT,

IMPRIMERIE DE THIBAUD-LANDRIOT FRÈRES,

Libraires, rue Saint-Genès, 10.

1853.

NOTICE

SUR

GEORGES ONSLOW.

La mort de Georges ONSLOW a consterné l'Auvergne, qui perdait, tout à la fois, un des hommes les plus aimés et l'une de ses plus brillantes illustrations. Aussi les regrets ont-ils été profonds, universels : les cœurs étaient brisés, et l'on ne voyait partout que des yeux pleins de larmes.

L'état de ma santé a retardé l'expression de ma douleur personnelle, et cependant peut-être m'appartient-il, plus qu'à tout autre, de donner quelques détails sur le grand artiste qui vient d'être enlevé à la France et au monde. — J'étais son ami d'enfance, et je me garderais de dire que j'ai été son premier maître de composition musicale, si lui-même ne s'était plu à le proclamer en toute occasion. Je dirai donc seulement que je lui en ai enseigné les premiers éléments, et que je lui ai donné ainsi les moyens d'entrer dans les profondeurs de l'art, hors desquelles il ne peut y avoir ni mérite réel ni grande renommée. ONSLOW l'avait senti vivement, et il me pressa de lui apprendre ce que je savais d'une science qui m'avait beaucoup occupé dans ma première jeunesse, et à laquelle j'avais travaillé sous les auspices d'un amateur de la plus haute distinction, et ensuite de *Catel*, qui, comme on sait, était un grand maître. ONSLOW, avec sa haute intelligence et sa puissante organisation, fut promptement initié aux mystères de l'harmonie et aux règles de la composition. Il entreprit aussitôt de faire une œuvre de trois quintetti, qu'il me dédia, et qui révélaient déjà ce dont il serait capable un jour. Le deuxième de ces quintetti (celui en *mi* bémol) n'est assurément inférieur à rien de ce qu'il a fait depuis. Une fois entré dans cette voie, il ne s'arrêta plus. Il composa des trio, des quatuor, des quintetti, des sextuor, un nonetto qui passe pour un chef-d'œuvre, une multitude de pièces pour le piano, et enfin trois symphonies qui ont été exécutées plusieurs fois au Conservatoire, et toujours avec le plus grand succès.

Parmi les morceaux les plus remarquables de notre illustre compatriote, on peut citer son grand sextuor pour le piano. Rien n'en prouve mieux le mérite et l'effet que le choix qu'en fit *Thalberg* pour clore le premier grand concert qu'il donna à Paris.

C'est à ONSLOW qu'est due l'invention des quintetti avec contre-basse, violoncelle, alto et deux violons, genre de composition qui se rapproche de la symphonie. Cette magnifique création eut lieu sous la direction d'Onslow, à Londres, où le fameux *Dragonetti* lui prêta un puissant concours en exécutant la partie de contre-basse avec la supériorité qui lui appartenait. Au retour d'Onslow à Paris, les quintetti avec contre-basse firent fureur. Celui en *fa* mineur produisit un effet tel, que le Conservatoire *en masse* supplia l'auteur de le convertir en symphonie, ce qu'il fit d'une manière admirable. C'est sans doute à ces divers souvenirs qu'il faut attribuer la prédilection marquée d'Onslow pour le genre quintetto. Peut-être aussi cela tenait-il à ce que c'est sous cette forme qu'il avait débuté en composition. — Il était, je crois, à son trente-sixième quintetto.

Notre compatriote est incomparablement le premier compositeur du monde en musique instrumentale ; je puis citer un fait qui ne permet aucune contestation à cet égard. — J'assistais, il y a plusieurs années, à une séance du Conservatoire où devait se jouer sa belle symphonie en *ré* mineur. Chérubini, avec lequel j'étais fort lié, ne la connaissait pas. Il était directeur du Conservatoire, et m'avait engagé à venir dans sa loge, où nous nous trouvâmes tête à tête. A la fin de la symphonie, écoutée dans un religieux silence, il se leva vivement et vint à moi, en me disant : « Ma foi, il n'y a aujourd'hui, en Europe, qu'Onslow qui puisse faire aussi beau que cela ! » (Beethowen était mort depuis peu.) Chérubini ne se contenta pas de ces paroles ; à la fin du concert, il alla trouver Habeneck, chef d'orchestre du Conservatoire, lui demanda la partition de la symphonie qui venait d'être exécutée, en coupa une demi-feuille qu'il garda comme *fac-simile,* et la remplaça par une demi-feuille de sa propre écriture. On comprend la valeur d'un tel enthousiasme dans un maître comme Chérubini. ONSLOW en fut très-ému, et cette circonstance resserra encore leur intimité.

On sait quelle est la puissance de l'harmonie en Allemagne. Les compositions de notre compatriote y produisirent un effet qui allait jusqu'au délire. Les Sociétés philharmoniques, notamment celles de Leipsick et de Cologne, le témoignèrent de mille façons, et imaginèrent de faire graver et mettre en partition ses œuvres nouvelles, qu'elles lui adressèrent en hommage, ce qui lui causa un des plus vifs plaisirs qu'il eût éprouvés. Il fut, en outre, invité à des fêtes données en son honneur, et dans lesquelles se manifestèrent une joie et un enthousiasme universels. ONSLOW, si bon, si expansif, si populaire, était attendri. Hélas ! il n'a pu jouir de ce bonheur que deux fois, sa santé ne lui ayant pas permis de faire un troisième voyage dans cette contrée si éminemment harmonique.

J'ai dit comment ONSLOW était hors de toute comparaison dans la musique instrumentale. Il était aussi d'une grande habileté dans la science du contrepoint, trop rare et trop négligée. L'*Encyclopédie* consacre au contrepoint un article très-développé , et insiste sur l'indispensable nécessité de le posséder quand on veut mériter le nom de compositeur. Et cependant, que de musiciens n'en ont pas la première idée et n'en jettent pas moins leurs partitions au vent des théâtres !

On demandera peut-être comment il se fait qu'avec tant de science et de si immenses ressources, Onslow ait si peu composé pour la scène. Le motif en est bien simple, et moi-même je lui avais toujours dit que je ne pensais pas qu'il fût dans des conditions favorables pour obtenir des succès dramatiques, parce qu'il fallait, pour y parvenir, habiter constamment Paris, y vivre dans une surveillance, dans un assujétissement continuels, et y subir des exigences et des dégoûts qui n'étaient compatibles ni avec son caractère ni avec son genre de vie. Son existence était en Auvergne, et il passait à peine trois mois à Paris, bien que sa qualité de membre de l'Institut lui eût rigoureusement imposé le devoir d'une résidence assidue. — Il avait reconnu cette situation et ces difficultés. Néanmoins il composa trois opéras qui renfermaient de grandes beautés : *l'Alcade de la Vega* , *le Colporteur* et *le Duc de Guise*. Je suis convaincu que ce dernier ouvrage aurait eu un succès remarquable au Grand-Opéra , pour lequel il avait été composé ; mais les difficultés et les retards d'un tour de faveur lassèrent la patience des auteurs, qui mutilèrent leur œuvre pour la transformer en opéra-comique, ce qui en affaiblit nécessairement le mérite et l'effet, quoiqu'il y soit encore resté de fort belles choses.

Voici une anecdote en exemple des tracasseries et des ennuis de coulisse. — Cinq ou six jours avant la première représentation du *Duc de Guise*, j'allai un matin chez ONSLOW que je trouvai dans un violent accès de colère, car il était très-vif, quoiqu'excellent. — Voilà, me dit-il, Chollet et Mlle Prévost qui sortent d'ici. Ils ne veulent plus de tel morceau, et me demandent de le remplacer par un quatuor ; je m'y suis refusé en disant que tout avait été convenu, que ma partition était complète et que je n'y changerais rien. Ils ont insisté en me proposant, si cela me convenait mieux, de faire faire le morceau par un autre. — Garde-t'en bien, m'écriai-je, car on ne manquerait pas de mettre sur l'affiche : « Le *Duc de Guise*, musique de M. ONSLOW et de M***. — Si près de la représentation toute collision doit être évitée. On te demande un quatuor, il faut le faire, cela te coûtera peu. — Mon amitié me donnait sur lui un assez grand ascendant : il céda, et le quatuor fut fait le lendemain. — C'était un des meilleurs morceaux.

L'inspiration est en musique la première des conditions, la première des nécessités. Mais ce n'est pas tout : il faut encore la mise en œuvre, c'est-à-dire l'art d'écrire, de faire une partition, en un mot ce que l'on nomme l'orchestration. C'est une chose difficile et qui exige beaucoup d'étude et de travail. ONSLOW écrivait merveilleusement et à l'égal de nos plus grands maîtres, Weber, Mozart, Haydn, Chérubini, Grétry, Méhul, Catel, Boyeldieu, Bethowen, Rossini, Mayer-Bew, Auber, Meudelssohn. L'art de l'orchestration est plus rare qu'on ne le croit communément, et il n'est pas donné à tous les musiciens d'y arriver, soit par négligence ou défaut de travail, soit aussi par l'effet d'une trop grande confiance dans des inspirations quelquefois heureuses, mais qui pour avoir toute leur valeur auraient besoin d'être produites selon les règles de l'art, qui sont sévères de leur nature. J'en citerai un seul exemple. Que manque-t-il à l'opéra de *la Vestale* pour être un chef-d'œuvre ? D'être bien écrit, au lieu d'avoir une orchestration que désavouerait un élève de six mois! La grandeur, la sensibilité et le charme des inspirations de *la Vestale* sont assurément de nature à exercer une grande séduction ; mais enfin, il est impossible de ne pas reconnaître tout ce qui manque à cette partition, tant au point de vue de l'art d'écrire qu'à celui de l'harmonie qui, à la vérité, était alors bien moins avancée qu'elle ne l'est aujourd'hui. Sous ce double rapport ONSLOW est irréprochable, et personne, je ne saurais trop le répéter, n'a écrit avec plus de correction et d'élégance.

Ce qui ne le distinguait pas moins, c'était la plus

admirable puissance d'improvisation que l'on ait vue.
C'était une verve qui ne s'arrêtait jamais, et dont par-
fois les éclats étaient inouis. Mais depuis la récente
altération da sa santé et la perte d'un œil, il ne pou-
vait plus écrire, bien qu'il improvisât encore, et peut-
être avec plus de charme que jamais : c'était là que
s'étaient réfugiées ses dernières facultés.

ONSLOW, éminemment sensible, éprouvait les
plus vives impressions à l'aspect des beautés de la
nature et de tous les objets extérieurs. Que de fois ne
m'a-t-il pas dit les inspirations qu'il avait dues à un
site, à un effet de lumière, à un simple événement ?
l'affreux accident qui mit sa vie en danger et altéra
profondément l'organe de l'ouïe, ne fut pas même
perdu pour son talent ! Il se levait dans le délire de
la fièvre et écrivait des choses d'une inimitable beauté;
ses souffrances étaient traduites par son génie, et il
faut avoir entendu le morceau de *la Balle* (1), pour
pouvoir se faire une idée de tout ce qu'il y avait d'é-
trange et de puissant dans cette poésie de la douleur !

---

(1) M. Onslow étant, en 1829, en Nivernais, au château de
Saint-Augustin, chez M. de Jonville, ce dernier eut l'affreux mal-
heur, en tirant un sanglier, de frapper son ami à la joue, soit
directement, soit par ricochet, ce qui est plus probable, car la
balle ne se retrouva point. La gravité de l'accident et l'impressio-
nabilité de celui qui l'avait éprouvé, donnent l'explication de tout
ce qui se passa dans cette douloureuse circonstance; le délire et le
talent du blessé ne laissèrent rien échapper de cette scène funeste,
dont le morceau de *la Balle* fut la dernière et sublime expression.

— La faculté d'improvisation n'avait fait que se perfectionner : j'en ai eu une dernière preuve bien récente. M. et Mme Onslow vinrent, il n'y a guère plus d'un mois, passer deux jours avec ma fille et moi : c'était un besoin pour eux qui me savaient fort malade. Le redoublement de notre tendre et sympathique amitié eut alors une telle expansion que dans l'état de santé où nous étions l'un et l'autre, il semblait que nous fussions sous l'empire de quelque présage funeste. Hélas ! la catastrophe ne s'est pas fait attendre longtemps !..... — Dans ce dernier adieu, Onslow improvisa chaque jour pendant environ vingt minutes, et avec plus de charme et de suavité que jamais. Le second jour surtout, il fut sublime. — Enfin, il fallut se séparer : nous tombâmes dans les bras l'un de l'autre, et c'était pour ne plus nous revoir !

A la mort de Chérubini, Onslow lui avait succédé à l'Institut, selon le vœu public. Cela était bien, car il appartenait à la science de remplacer la science ? Mais qui remplacera Onslow !

Clermont, impr. de Thibaud-Landriot frères.

www.ingramcontent.com/pod-product-compliance
Lightning Source LLC
LaVergne TN
LVHW021734030726
842523LV00004B/1415